LA

MARINE AU NIGER

PAR

E. CARON
Lieutenant de vaisseau

PARIS

LIBRAIRIE MILITAIRE DE L. BAUDOIN ET Ce

IMPRIMEURS-ÉDITEURS

30, Rue et Passage Dauphine, 30

1888

Tous droits réservés.

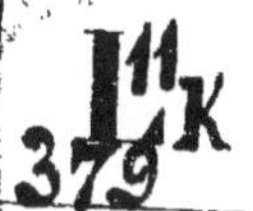

LA

MARINE AU NIGER

PARIS. — IMPRIMERIE L. BAUDOIN ET Cie, RUE CHRISTINE.

LA
MARINE AU NIGER

PAR

E. CARON
Lieutenant de vaisseau

PARIS

LIBRAIRIE MILITAIRE DE L. BAUDOIN ET Cie

IMPRIMEURS-ÉDITEURS

30, Rue et Passage Dauphine, 30

1888

Tous droits réservés.

LA

MARINE AU NIGER

PRÉFACE

Ce titre peut surprendre, si l'on réfléchit que le Niger roule ses eaux au centre du continent africain. Cependant il y a bien aujourd'hui une marine au Niger.

En 1868, Mage, alors lieutenant de vaisseau, écrivait, au retour de son célèbre voyage :

« Si la France veut intervenir d'une manière efficace dans la poli-
« tique du Soudan, il n'y a, suivant moi, qu'un moyen sérieux : c'est
« de remonter le Niger avec des bâtiments, soit qu'on parvienne à
« leur faire franchir le rapide de Boussa, soit qu'on les construise
« au-dessus de ce barrage. Ma conviction est que l'opération est
« possible. »

Elle était possible, comme le prouve ce qui suit : En 1884, M. Froger, enseigne de vaisseau, fut chargé de transporter la canonnière démontable le *Niger* jusqu'à Bammako. Cette embarcation, longue de 18 mètres, large de 3 mètres, avait été construite aux ateliers Claparède, en parties de 25 à 50 kilogr. Au cours des essais, vers le mois de septembre 1884, M. Froger malade fut contraint de rentrer en France.

Un an après, M. Davoust, lieutenant de vaisseau, se mettait en marche vers Tombouctou et arrivait jusqu'aux environs de Dienné. A son retour, lui aussi tombait malade, et j'étais désigné pour le remplacer, avec la triple mission de monter un gros matériel à Bammako, d'y construire une coque en bois destinée à porter une machine, et d'explorer le fleuve jusqu'à Tombouctou.

Laissant de côté cette dernière mission, je ne parlerai ici que du transport et des constructions. Bien que ces notes soient personnelles, je n'ai d'autre but que d'intéresser les lecteurs et, aussi, de leur faire connaître quel est le rôle actuel de la marine au Niger.

PREMIÈRE PARTIE.

TRANSPORT DU MATÉRIEL DE SAINT-LOUIS A BAMMAKO.

CHAPITRE PREMIER

Transport du matériel de Saint-Louis à Kayes.

J'étais depuis deux mois à Saint-Louis, quand le commandant supérieur du Soudan français, M. le lieutenant-colonel Galliéni, y arriva, dans les premiers jours de novembre 1886. Les instructions prescrivaient de faire construire à Bammako, avec les moyens du pays, une canonnière en bois destinée à porter une machine. Aucun plan n'était fixé : tout le matériel et l'outillage étaient à réunir et à transporter. Le personnel devait se recruter uniquement parmi les ouvriers indigènes. Dix jours après, onze tonneaux d'outillage et de matières, pris dans les magasins de la marine ou du Haut-Fleuve, et aussi à l'industrie, étaient emballés et embarqués sur des chalands à destination de Kayes. Sept ouvriers, se disant charpentiers, un calfat et un apprenti avaient été recrutés. C'est avec ces moyens incomplets et imparfaits que devait être résolue la construction d'une coque, dont le plan était encore inconnu.

Vers la fin de novembre tout le convoi, à destination de Bammako, était réuni à Kayes. Le personnel se composait de quatre Européens et de cinq laptots; le matériel comportait dix-sept tonneaux, onze venus de Saint-Louis, cinq tonnes de charbon, et une tonne de rechanges pour la canonnière *Niger*, restée à Diamou depuis l'année précédente.

Le 9 décembre je quittais Kayes. Jusqu'à Diamou (54 kilomètres de Kayes), le chemin de fer fonctionnait. A partir de Diamou, les colis devaient être portés en pirogues jusqu'à Badumbé, et j'étais chargé de faire, sur le transport par voie fluviale, un rapport particulier que je résume ci-après.

CHAPITRE II.

Ligne fluviale Diamou—Toukolo, considérée au point de vue du ravitaillement.

—————

1° SÉNÉGAL (DIAMOU A BAFOULABÉ).

Sufalo. — De Diamou à Sufalo les dix-sept tonnes (670 colis) ont été transportées par plates-formes et Decauville en un peu plus de deux jours.

A Sufalo les difficultés de navigation ne proviennent pas tant de la différence de niveau qui est très faible, que de l'obstruction causée par les rochers et les cailloux roulés. Les pirogues passent, à vide, ce barrage, qui pourrait être amélioré par l'enlèvement des cailloux et le pétardement à la dynamite de quelques rochers.

Banganora-Gouina. — Par pirogues, de Sufalo à Banganora, et par Decauville, de Banganora à Gouina.

Il n'y a pas, à proprement parler, de chute à Banganora. Le fleuve, obligé de tourner brusquement, s'est creusé une sorte de bassin circulaire, parsemé d'îlots et de rochers, où les pirogues passent facilement à vide. La canalisation ne serait pas trop onéreuse jusqu'à quelque distance de la chute de Gouina. Celle-ci, qui mesurait dix mètres de haut au 15 décembre, est infranchissable.

Dibassoubé. — Entre Gouina et Dibassoubé une pirogue avait chaviré et toutes les caisses de cadeaux, toiles, vêtements, avaient été mouillées.

Le barrage de Dibassoubé est divisé en deux parties par un grand banc de rochers. Sur la rive droite, où il n'y a pas de chute, les pirogues passent à vide; mais il est probable que cette partie du fleuve est à sec dès le mois de janvier, et que les pirogues prennent alors le côté de la rive gauche où elles remontent le long des cailloux, en dehors des remous, jusqu'à la chute, et sont portées à bras jusqu'à l'anse de chargement assez voisine. Ce barrage serait très difficilement et onéreusement amélioré par la mine.

Malembélé. — Une pirogue avait encore chaviré dans la traversée, et d'une façon générale les caisses craignant l'eau avaient beaucoup souffert. Il n'y a aucune amélioration pratique à faire subir au barrage.

Cora. — Une pirogue s'était démolie. Plusieurs colis n'avaient pu être repêchés. Aux passages difficiles, les sacs, matelas, etc., avaient été trempés par l'eau des tourbillons et aussi par celle qui entrait dans les pirogues déjà fatiguées. Il n'y a pas à songer à améliorer le barrage de Cora, pratiquement, du moins.

Bafoulabé. — Le 19, le convoi de pirogues était entièrement réuni au poste de Bafoulabé. Le matériel avait beaucoup souffert de l'eau et des nombreux transbordements, et les pirogues avaient besoin d'être soigneusement réparées.

En somme, conclus-je, on ne peut transporter de Diamou à Bafoulabé aucun objet craignant l'eau, même en boîtes de zinc hermétiquement fermées. Les soudures ne sauraient résister à des transbordements continuels et le zinc peut être crevé par les chocs. Il y a toujours à craindre que les pirogues ne chavirent et que les colis ne soient perdus dans les tourbillons profonds. M'appuyant enfin sur le prix de revient, j'affirmai que le transport par voie fluviale, de Diamou à Bafoulabé, est aussi coûteux que mauvais.

On pourrait, il est vrai, améliorer sans trop de frais le fleuve de Sufalo à Gouina. A Dibassouté, ce serait très coûteux, et plus loin il n'y faut plus songer pratiquement. Les travaux à faire de Sufalo à Gouina n'auraient pas pour effet de modifier d'une manière dangereuse le régime du Sénégal; mais la canalisation de ce petit tronçon ne changeait pas beaucoup la face des choses, et la ligne fluviale de ravitaillement, de Diamou à Bafoulabé, doit être abandonnée le plus tôt possible.

Depuis ce rapport, la voie ferrée a été activement poussée jusqu'à Bafoulabé (100 kilom.).

2° BAKHOY (BAFOULABÉ-TOUKOLO).

Je quittai Bafoulabé le 21 décembre, après avoir organisé le transport de la façon suivante : quinze mulets et quatre ânes emportaient les colis les plus précieux, le reste du matériel était embarqué sur soixante et une pirogues.

Kalé. — Le convoi arriva à Kalé le 22, vers midi, sans incident (25 kilom.). Pour aller du barrage de Kalé (1) à celui de Kalé (2) (distance : 1500 mètres), il faut décharger les pirogues à Kalé (1), les monter sur la rive droite, les porter à bras jusqu'au-dessus de Kalé (2), et faire passer le matériel sur la rive gauche, par le défilé qui a une longueur de quinze cents mètres environ; opération tellement compliquée qu'elle dura deux jours pleins, sans aucune perte de temps.

Si un Decauville avait été installé sur la belle route actuelle du défilé, on aurait facilement gagné une journée en faisant transporter le matériel pendant que les pirogues passaient; au lieu de cela, les piroguiers, après avoir porté leurs pirogues, durent faire, chargés, huit voyages, pour amener les colis à Kalé (2).

En somme, c'est surtout par terre qu'il faut songer à améliorer le passage de Kalé. — Depuis, un Decauville fonctionne dans le défilé.

Dioubéba. — A Dioubéba, comme à Kalé, il y a deux barrages; mais ils sont franchis à vide par les pirogues. Les colis suivent la voie de terre, difficile à cause des rochers et des deux marigots qu'il faut traverser. Elle est longue de deux kilomètres.

Sur le fleuve, entre les deux barrages, il y a trois chutes, dont la principale, voisine de Dioubéba, ne saurait disparaître qu'avec un gros emploi de la mine. Faire sauter quelques rochers pour faciliter le passage des pirogues à vide et améliorer surtout la voie de terre.

tel serait le desideratum. Le barrage de Dioubéba (2) semble d'ailleurs destiné à disparaitre de lui-même, le fleuve se creusant un nouveau lit aux dépens de la rive droite, très friable : ailleurs, les rives sont rocheuses.

Torokolo et Soukoutaly. — Les pirogues passent chargées les barrages de Torokolo et de Soukoutaly, qui seraient faciles à canaliser.

Le 27, à quatre heures du soir, le convoi arrivait sans accident à Badoumbé (90 kilom. de Bafoulabé).

Badoumbé. — *Gué de Toukolo.* — A la fin de l'hivernage (novembre), on peut remonter en pirogue jusqu'à Fangalla (15 kilom.). Au mois de janvier, il faudrait les porter à bras par-dessus le barrage voisin de Badoumbé, et celui de Fangala. La navigation ne semble donc pas pratique jusqu'à ce point, encore moins jusqu'au gué de Toukolo, à cause de nombreux petits barrages et particulièrement des chutes de Billy, qui paraissent infranchissables.

CONCLUSIONS.

Entre Bafoulabé et Badoumbé, le courant est faible, la navigation relativement facile, et il n'y a que deux transbordements à Kalé et à Dioubéba. Les colis risquent peu d'être mouillés et les pirogues ne chavirent pas, ce qui réduit singulièrement les pertes. J'ai pu transporter, y compris sept tonnes pour le ravitaillement, vingt-cinq tonnes, de Bafoulabé à Badoumbé, en six jours et demi. Encore ce temps eût-il été réduit d'un jour si le Decauville avait été installé à Kalé.

J'affirme qu'avec aucun autre des moyens actuels de transport (ni route carrossable, ni Decauville), on ne pourrait arriver à un semblable résultat.

En réponse à cette question : « Les travaux à exécuter auraient-ils pour effet de modifier d'une manière dangereuse le régime du « Bakhoy »? nous écrivions :

« En saison sèche, le Bakhoy est alimenté par l'eau qui descend des sources, et aussi par voie souterraine, comme on peut s'en rendre compte à Kalé. Le courant est très faible, et cependant il y a *toujours* débit de barrages en barrages : ceux-ci régularisent donc l'écoulement des eaux. Si l'on venait à supprimer brusquement ces sortes d'écluses naturelles, les bassins supérieurs se videraient brusquement dans les bassins inférieurs. Leur suppression pourrait donc constituer un danger, à moins de la limiter à certains d'entre eux ; mais il n'y a rien à craindre en faisant disparaître les petits barrages qui sont plutôt des obstructions du fleuve, comme à Torokolo, Soukoutaly, et même près de Dioubéba (2). »

CHAPITRE III.

Transport de Badoumbé à Bamakou.

A partir de Badoumbé je devais abandonner la voie fluviale pour prendre celle de terre ; mais, aussi, laisser dans le poste sept tonnes des objets les moins indispensables. A Badoumbé les porteurs et les animaux étaient rares, et sur les trente voitures qui y existaient, vingt à peine pouvaient être utilisées. Je me vis donc contraint de faire deux voyages pour concentrer le matériel au gué de Toukolo.

Le 31 décembre, je fus rejoint par un second-maître de timonerie nommé Chaline, envoyé pour prendre les fonctions de second. Ce sous-officier était déjà très fatigué et devait bientôt rentrer en France.

Vers six heures du matin, le 31 décembre, le premier convoi sortait du poste : composé de dix-huit voitures, dont quinze attelées à mulets et trois à deux ânes. Trois laptots et cinq charpentiers constituaient l'escorte, sous la direction du chef laptot, Adam Dyr, médaillé pour sa belle conduite lors de la première expédition de la canonnière. Je conduisis moi-même le convoi jusqu'à la première étape, Fangala (15 kilom.), où nous arrivâmes vers une heure. A quelque cents mètres du poste, je fus contraint de renvoyer les voitures attelées à ânes, et en chemin deux des petits véhicules cassèrent.

Le lendemain matin, après avoir expédié le matériel sur Toukolo, avec ordre de renvoyer les voitures vides le plus tôt possible, je repris, en compagnie de mon interprète, le chemin de Badoumbé.

Le 4 janvier le convoi était de retour. Le 7, les animaux, bien reposés, et les voitures réparées à nouveau, le reste du personnel et du matériel prenait la route de Fangala. Cette fois, trente-neuf porteurs avaient été réunis.

Le campement de Fangala est situé sur les bords du Bakhoy, en un endroit débroussaillé et abrité par de beaux arbres : on y voit et entend de nombreux hippopotames. A partir de Badoumbé, l'ordre était de se garder comme en pays ennemi, et, la nuit venue, plusieurs factionnaires gardaient sévèrement le camp. En dehors d'une surprise, peu à redouter, ils devaient veiller à ce que personne ne s'introduisît dans le campement, ni homme, ni bête féroce; personne non plus n'en devait sortir, et particulièrement les porteurs, qui cherchent toujours à s'échapper.

L'étape suivante, Toudora, est distante de quinze kilomètres de Fangala. Partis à cinq heures et demie du matin, il était midi quand nous y arrivâmes, après bien des fatigues et de nombreux accidents de voiture. Celles-ci mirent une heure à passer le marigot de Kégné-Ko, très sablonneux, avec des berges à pic.

A Toudora, quatre-vingt-quatorze porteurs, venus de Kita, permirent de décharger les voitures et de marcher plus rapidement jusqu'au gué de Toukolo. Partis à cinq heures trente minutes, nous y étions à neuf heures (15 kilom.).

Ce gué a six cents mètres environ de longueur, les rochers, qui obstruent le Bakhoy, y ont formé un rapide. Non seulement le courant y est violent, mais encore le fond extrêmement glissant. Ce jour-là, l'eau montait jusqu'aux épaules.

Les voitures furent abandonnées sur la rive gauche, et les colis chargés sur la tête des porteurs. Deux heures après notre arrivée, le personnel, les animaux et les dix tonneaux de matériel étaient sains et saufs de l'autre côté. Il est à noter que les objets les plus précieux furent transportés dans un coffre de voiture, poussé à bras sur le fleuve. Cette sorte d'embarcation peut être chargée jusqu'à deux cents kilogrammes.

A Toukolo, je trouvai l'ordre de concentrer le matériel à Gonio-Kory, distant de trente-deux kilomètres, où nous aurions des ânes, venus de Kita, pour le transporter jusqu'au Kégné-Ko. Entre ce dernier point et Gonio-Kory, le sol est tellement rocailleux, et les chemins étaient si difficiles, qu'il n'y avait pas moyen de songer à employer de voitures. Depuis, la route a été bien améliorée.

Le 12 janvier, les dix tonnes étaient réunies à Gonio-Kory. Pour arriver à ce résultat, il avait fallu que les porteurs fissent quatre-vingt-seize kilomètres en deux jours, dont soixante-quatre kilomètres avec une charge de vingt-cinq kilos sur la tête. Encore n'avaient-ils mangé qu'un peu de mil, que je leur distribuais. Pour les tenir, malgré une étroite surveillance, j'avais été obligé de leur confisquer, à la nuit, les outres en peau de bouc que portent toujours les noirs en voyage.

A Gonio-Kory, quatre-vingts ânes bâtés étaient arrivés qui, avec cent quatre-vingt-deux porteurs et dix-sept mulets, transportèrent en une fois le matériel jusqu'au Kégné-Ko, où les voitures étaient réunies.

De Gonio-Kory à Kita, par le Kégné-Ko, il y a cinquante kilomètres, que nous franchîmes en trente-trois heures, dont vingt et une d'étape, ce qui constitue un véritable tour de force, au Sénégal, avec un long convoi, par des chemins horriblement difficiles, sous un soleil de plomb. Partis à deux heures du matin de Gonio-Kory, nous arrivions à Kita le lendemain matin, vers onze heures, le 14 janvier.

En quittant le poste de Kita, le 18 janvier, le convoi se composait de quarante voitures attelées à deux ânes chacune, et de cent porteurs. Presque à la sortie du fort commence une montée horriblement pénible, qu'il nous fallut trois heures pour gravir. Alors, on rencontre un plateau de quelques kilomètres, terminé par une pente excessivement raide, où les voitures versèrent plusieurs fois. Depuis, ces chemins ont été arrangés ou tournés ; mais, à l'époque dont je parle, il nous fallut onze heures pour arriver à Tombo-Kolé, distant de Kita de douze kilomètres.

Encore, à peine arrivés à l'étape, fallait-il réparer les voitures et faire bonne garde la nuit. Entre Kita et Koundou, des Maures pillards venaient d'attaquer des caravanes de dioulas (marchands indigènes).

Voici l'ordre de route que j'avais adopté : l'avant-garde, sous la direction de Chaline, était composée des porteurs et des animaux chargés, avec six hommes d'escorte. Je venais ensuite, avec mon interprète et plusieurs noirs, qui s'étaient ralliés sous notre protection pour le voyage. Puis, le gros des voitures, divisé en quatre groupes de dix, ayant chacun à leur tête un Européen, un laptot et un conducteur engagé. A l'arrière-garde, quatre charpentiers étaient placés sous les ordres d'un chef ouvrier d'artillerie. Tel quel, et malgré des arrêts fréquents, le convoi s'allongeait parfois sur trois kilomètres, et il me fallait constamment faire la navette, de tête en queue, pour faire serrer.

Le 20 janvier avait lieu le passage du pont en bois de Bandi-Ko, long d'environ soixante mètres et élevé d'une quinzaine au-dessus du marigot. Il donna lieu à des incidents assez comiques, après coup. A chaque voiture, il fallut dételer le premier âne et le traîner sur le pont, par les deux pattes de devant, debout sur les pattes de derrière, afin que son congénère voulût bien consentir à traîner à sa suite la voiture.

Sur la rampe très raide de la berge opposée, les porteurs s'attelaient et traînaient, à vrai dire, la voiture chargée et les ânes. On ne se figure pas aisément la malice et l'entêtement de ces animaux : quelques-uns d'entre eux faisaient les morts, et ne se réveillaient que sous une douche d'eau froide, moyen que je recommande aux malheureux officiers obligés de se servir de ces bêtes comme attelage.

De Maréna à Farangangalla (15 kilom.), l'étape dura huit heures trente minutes, par des chemins épouvantables, en plein soleil. Le convoi passa sur plusieurs petits ponts de bois, recouverts de terre, à la mode indigène, dans lesquels les voitures traçaient de larges ornières que l'on se hâtait de combler avec des herbes et des branchages. A chaque véhicule qui s'engageait, j'étais pris d'un sentiment d'angoisse, et je ne respirais franchement, qu'une fois le quarantième de l'autre côté.

Quelques répétitions que je puisse faire des désagréments d'un transport dans le Soudan, je ne puis passer sous silence la longue rampe de Siguifiéri où, je crois, nul cavalier, en France, n'aurait l'idée de s'aventurer. D'une pente excessive, elle est partout couverte de cailloux glissants et roulants.

Les porteurs soutenaient les roues, le coffre et l'âne resté attelé ; malgré ces précautions, plusieurs voitures versèrent, et mon interprète fut renversé à moitié mort, en voulant en empêcher une de tomber. Ce passage dura plusieurs heures ; depuis, la rampe a été améliorée.

Le 24 janvier, à dix heures du matin, le convoi étant enfin rendu au poste de Koundou, distant de Kita de quatre-vingt-quinze kilomètres environ. Si l'on divise cette longueur par le temps d'étapes,

on arrive à une vitesse de deux kilomètres. Encore les ânes arrivè-
rent-ils presque tous blessés et ils auraient été incapables de fournir
un second voyage semblable. Un ordre du commandant supérieur a,
depuis, supprimé les voitures attelées à ânes; je suis donc en droit
de dire, aujourd'hui, qu'aucun moyen de transport n'était ni plus
mauvais, ni plus pénible pour un chef de convoi.

Le 26, je quittai Koundou, avec cent-quatre-vingt-deux porteurs,
chargés à vingt-cinq kilos, deux Européens et cinq charpentiers, laissant le soin au second-maître Chaline de me rejoindre à Bammako,
avec le reste du matériel.

Le 29 janvier, au matin (95 kilom.), j'arrivais dans ce dernier
poste. La période de transport était enfin terminée; celle des constructions allait commencer.

DEUXIÈME PARTIE.

CONSTRUCTIONS SUR LE NIGER.

Mise sur chantier du « Faidherbe ».

Construire une coque en bois de bâtiment à vapeur, avec un matériel réuni à la hâte et, par suite, mauvais et incomplet, avec neuf
ouvriers indigènes de Saint-Louis, dont plusieurs se révélèrent plutôt
menuisiers que charpentiers, sans plans, ni bois, ni matériaux préparés à l'avance : tel était le problème à résoudre. Il n'avait cessé
de hanter mon esprit pendant la longue montée du convoi, et plus
d'une fois j'avais été sur le point de déclarer la solution impossible,
surtout pour le mois de juin, époque fixée pour faire flotter le bâtiment.

Cependant il était nécessaire de tenter un essai, dût la coque être
imparfaite et inachevée, qui prouverait la possibilité d'exécuter
dans de meilleures conditions, avec les matériaux du pays, une
coque destinée à porter une machine.

Le rapport suivant, résumé, contient des détails sur les travaux
préparatoires exécutés à la date du 15 février.

Rapport au Commandant supérieur.

Le 4 février, personnel et outillage étaient arrivés à Bammako, sauf les colis laissés derrière pour être transportés par les soins du ravitaillement.

Du 29 janvier au 2 février, le temps a été consacré à installer le matériel dans les magasins du fort et à immatriculer quelques bois coupés d'avance par les soins de M. le garde d'artillerie, bois qui se sont trouvés rarement utilisables.

Le 2 février, l'emplacement du chantier était reconnu, au bord du fleuve, près de l'endroit même où fut lancée la canonnière *Niger*, sur une petite éminence située à 1200 mètres environ dans le sud-est du fort. Cette presqu'île, entourée par le fleuve et par un marigot, qui se jette à angle droit dans le Diclib, offre, dans le sens de la longueur, parallèlement au Niger, un terrain presque plan et assez résistant. Elle a l'avantage de n'être couverte qu'en août, alors qu'au mois de juin la plaine d'alentour est déjà inondée ; le travail pouvait donc s'y continuer en juin et il n'y avait pas à craindre que, par une hausse rapide, les eaux vinssent battre la coque avant son achèvement.

A cause de la forme même de l'endroit choisi, l'axe de la quille a été tracé parallèlement au fleuve. Le terrain étant suffisamment solide, je résolus, pour gagner du temps, de ne pas faire de cale, et de faire reposer le bâtiment sur une ligne de tins. A cause de la crue du fleuve, variable suivant les années, rien ne fut décidé d'avance pour le lancement. (On verra plus loin comment le problème fut résolu.)

Le 3 février, les ouvriers commençaient le travail des tins hauts' de 0ᵐ,70, en trois morceaux chevillés avec des gardes.

Je n'avais entre les mains d'autres plans que deux croquis, projets de MM. les ingénieurs Thévenet et Aurous (les dessins complets n'arrivèrent malheureusement que plus tard). La grave question était d'avoir un tracé facilement exécutable par les ouvriers indigènes ; aucun des projets ne répondait complètement à cette condition. J'adoptai cependant, *grosso modo*, le type proposé par M. Thévenet, avec les modifications suivantes :

Longueur de perpendiculaire en perpendiculaire. 20^m,25
Largeur, au maître . . . . 5^m,00

Et comme les courbes sont très rares autour de Bammako, le maître couple a été tracé complètement plat, ce qui diminue le tirant d'eau et augmente la place à bord.

Cette forme a encore l'avantage de faciliter la tâche aux charpentiers noirs, qui ne connaissent pas la construction des couples en deux plans superposés, réunis à plats joints. Au contraire, ils sont habitués à la membrure en trois morceaux, une varangue et deux allonges. J'ai donc adopté ce système, ainsi que la réunion préconisée par M. Aurous, de l'allonge à la varangue, par un écart et des chevilles, en augmentant l'épaisseur du genou. Rien n'empêchera, d'ailleurs, de renforcer plus tard ces joints par des serres épaisses. (Ce qui a été fait.)

J'ai établi alors le devis suivant :

Coque, 28 tonnes. . . . . 28^{tx}000
Aménagements, 2 tonnes. 2, 000
Accessoires de coque. 3, 000
Mâture pour Hotchkiss. 2, 000
Meubles et divers. 0, 508
Berton. 0, 100
Ancre et chaînes. 0, 500
Personnel (25 hommes) [1]. 2, 500
Artillerie (2 Hotchkiss 37^{mm}, approvisionnement
   normal). 2, 500
Machine à roues (50 chevaux. — 7 nœuds aux
   essais). 11, 000
Combustible (30 tonnes, dont 20 tonnes de char-
   bon de réserve) 20, 000
A ajouter : vivres (trois mois). 3, 000
Rechanges. 1, 000
                                              ─────────
Déplacement total. . . . . . 76^{tx}100

---

[1] A cause du climat, il y aurait, selon nous, avantage à réduire au strict nécessaire le nombre des Européens.

**

Ce déplacement, d'après le plan ci-joint, correspondrait à un tirant d'eau de 95ᶜ environ, soit un mètre, pour compter largement.

En tenant compte des besoins du service, le logement sera suffisant pour l'équipage [1].

Le jour même où je traçai ce plan, je fis construire, par des manœuvres indigènes, sur l'emplacement du chantier, un atelier, une grande case pour les ouvriers et trois gourbis, le tout à la mode indigène en bois et terre, recouvert de paille.

Le 5 février, les lins étaient finis, et les ouvriers commençaient la quille et l'étrave. Cette dernière, toute droite, de quinze centimètres d'équarrissage sur le droit, et de vingt-cinq centimètres sur le tour, s'assemble à tenon et à mortaise, avec la quille : le tout consolidé par une courbe chevillée. Le fond de la râblure a été creusé à six centimètres de l'arrière de l'étrave. La quille, en quatre morceaux, de six mètres environ, est en bois de shaw (prononciation figurée), bois dur, assez facilement œuvré ; les pièces sont réunies par des écarts à crocs chevillés, faute de dés en chêne.

D'ailleurs, les magasins de Saint-Louis étaient complètement dépourvus de chevilles, et n'ont pu fournir que des barres en fer, rondes ou carrées, de diamètre variable à débiter. On peut juger par là la difficulté d'établir un plan de chevillage, mais la difficulté du charpentage me préoccupait encore bien davantage.

Pour les quarante membres qui doivent former la charpente du bateau et en tenant compte des bois coupés à l'avance, il faut abattre trente arbres, de cinq mètres environ, et quinze de trois mètres d'essence dure, non attaquable, fournissant des pièces de dix-sept centimètres d'équarrissage. Le développement du bordé, épais de quatre centimètres, en moyenne, est de sept cents mètres de planches, soit trente-cinq arbres à couper, d'une longueur de cinq mètres, ayant un équarrissage de vingt centimètres sur quatorze centimètres, et à scier ensuite en planches de quatre centimètres sur vingt centimètres. Ce chiffre est plus que doublé, si l'ont tient compte du vaigrage et des bordages de consolidation, dont l'épaisseur va jusqu'à six centimètres. Cent jours de coupe réglée suffisent à peine à la tâche.

J'ai envoyé, pour couper les arbres, dans la brousse, à douze ki-

----

[1] La disposition des kiosques est défectueuse. Il vaudrait mieux couvrir le pont de superstructure.

lomètres de Bammako, trois charpentiers, trois forgerons de Titi, roi de Bammako, et soixante manœuvres. Il ne reste plus, à l'atelier, que six ouvriers, dont le contremaître, le calfat et l'apprenti. Avec si peu de personnel, il est impossible d'aboutir, et je demande instamment un renfort d'ouvriers [1].

Le 10 février, les ateliers et cases étant terminés, le travail se faisait sur l'emplacement même du chantier, en commençant naturellement par les couples. On ne peut se figurer combien il est difficile de faire sortir les ouvriers indigènes de leurs habitudes ; ils ne comprennent rien aux équerrages, et je suis obligé de leur tracer moi-même tous les gabarits. Encore, arrive-t-il qu'il faut recommencer deux fois la même pièce. Le contremaître, habile menuisier, est plus mauvais charpentier que ses subordonnés, et je suis obligé de le mettre à l'écart. Que serait-ce si le système de construction adopté n'avait perfectionné quelque ressemblance avec celui ordinairement employé pour les chalands du Sénégal !

En résumé, malgré toutes les difficultés énoncées, le travail est en bonne voie. Les coupes fonctionnent et l'atelier ne chôme pas. Je partirai le 14 pour Manambugu, où se trouve la canonnière le *Niger*, car je ne puis différer plus longtemps ce voyage.

Voyage à Manambugu.

Je quittais en effet Bammako, au jour dit, avec tout l'équipage, sauf un Européen et deux laptots laissés à la garde du chantier et au transport du bois. Cent deux porteurs emmenaient les rechanges de la canonnière.

Le poste de Manambugu, distant de 45 kilomètres de Bammako, se trouve dans une vallée assez riante à laquelle de nombreux rôniers donnent un aspect pittoresque. Cette vallée est entourée de collines de 100 à 200 mètres ; sur l'une d'elles, M. Davoust a établi un sanitorium. Le village, divisé en deux parties, encore pauvre parce qu'il est de création récente, est situé à 600 mètres environ du fleuve, dans un terrain très fertile. Le poste est établi à 200 mètres du Niger, sur une petite éminence de 50 mètres de large sur 200

[1] Quatre ouvriers, dont deux calfats, arrivèrent successivement, quelques semaines après.

mètres de long. Il est divisé en deux parties : la première contient les cases du personnel et les magasins, la seconde, plus considérable, est dite : « camp des tirailleurs » composant la garnison, une escouade en tout. Les tirailleurs, suivant la coutume du Sénégal, ont avec eux leurs femmes et leurs enfants. Ce fait donne de l'originalité à leur camp mais exige qu'il soit à part.

Toutes les cases sont en bois et en terre, recouvertes de paille. La plus grande, celle du Commandant, a une forme bastionnée et ressemble un peu à une pagode chinoise.

A l'époque des guerres de Samory, en 1885, M. Davoust avait fait construire, autour du poste, un retranchement qui existe encore et, au centre de l'éminence, une plate-forme, fort ingénieusement supportée par des rôniers, sur laquelle il avait mis un hotchkiss à sept mètres de haut. Aujourd'hui encore c'est là que l'on hisse le pavillon.

Canonnière « Niger »

La canonnière le *Niger* flotte dans un bassin toujours rempli même aux plus basses eaux. C'est une embarcation de 18 mètres sur 3 mètres, fort coquette, avec laquelle on ferait très agréablement le voyage de Paris à Rouen sur la Seine. Au Soudan, pour une exploration, c'est un bien triste outil.

Telle quelle pourtant, quand on la découvre dans son bassin, elle fait le plus grand plaisir à voir. On s'étonne de l'y trouver à 1,450 kilomètres de la mer, surtout en songeant aux efforts extraordinaires qu'a nécessités son transport. Pour le marin, c'est une joie de revoir un bateau ; pour le commandant c'est un plaisir de rencontrer enfin son bâtiment, si petit qu'il soit.

Aux basses eaux, la berge domine de plusieurs mètres le *Niger* : elle est entourée d'un retranchement en forme de lunette construit par M. Davoust.

Je trouvai la canonnière en fort bon état, grâce aux soins du second-maître Durand resté seul Européen avec un quartier-maître mécanicien. Tous deux étaient extrêmement fatigués et mon premier soin fut de les renvoyer en France dès le lendemain. Le malheureux second-maître devait mourir à Dakar, au moment de prendre le paquebot pour la France où l'attendait une récompense bien méritée.

Le jour même de l'arrivée à Manambugu, je reçus la visite des chefs de villages environnants, qui vinrent tous avec des cadeaux en nature. Placé à l'extrême avant-garde du Soudan français, le commandant de la canonnière est à la fois chef de poste, administrateur, chef politique et judiciaire. A ce titre, les indigènes le respectent et le redoutent beaucoup.

Le 16 février eurent lieu des essais de machine fort satisfaisants, sinon au point de vue de la vitesse, du moins au point de vue du bon fonctionnement du moteur et des chaudières. Cependant une déformation de la coque, résultat d'un échouage sur la roche, avait son contre-coup sur la machine tribord qui partait difficilement.

Le 22 février, après avoir mis en œuvre différents travaux d'amélioration et notamment un jardin, je repris la route de Bammako.

Pendant mon absence, les ouvriers n'avaient pas travaillé activement et, faute d'un assez grand nombre de manœuvres, les bois n'avaient pu être transportés au chantier.

Le mode de travail fut dès lors changé, chaque ouvrier mis à la tâche, ce qui donna de bien meilleurs résultats. En même temps le plus grand nombre possible de porteurs étaient réunis dans les villages qui dépendent de Bammako pour accélérer l'arrivée du bois.

Pour avoir de grosses pièces de shaw, vène ou karité, bois durs, il faut aller jusqu'à 14 kilomètres dans l'ouest de Bammako. Cinquante manœuvres n'étaient pas de trop pour un gros morceau : encore mettaient-ils dix heures à faire le chemin, par une route difficile et non frayée, que traversent deux marigots glissants et escarpés. Souvent même ils se blessaient, ce qui n'a rien d'étonnant avec le mode de transport adopté. La pièce reposant sur un certain nombre de traverses était soulevée et chargée sur la tête des manœuvres indigènes qui ne savent pas porter sur l'épaule.

Le plus grand morceau, une fois dégrossi, s'est trouvé avoir six mètres de long et 50 centimètres sur 38 centimètres d'équarrissage, soit 1,200 kilos environ. Les courbes sont très rares. En face du chantier de construction, sur la rive droite du fleuve, il y a beaucoup d'arbres, mais bien moins gros.

Le 25 février trois maîtres couples étaient montés et les ouvriers achevaient le premier couple dévoyé de l'avant. Ce jour-là même arrivait une dépêche prescrivant de baptiser la coque du nom de *Mage*, le premier officier qui ait vu le Niger.

Depuis, une nouvelle embarcation, sœur du *Niger*, envoyée de

France, a pris le nom de *Mage*. L'ancien *Mage* débaptisé s'appelle maintenant le *Faidherbe*.

Grâce au système adopté de mettre les ouvriers à la tâche, le 29 mars le dernier couple était en place. En même temps un ouvrier et un apprenti construisaient sur gabarits, une embarcation dite sharpee qui rendit plus tard, dans la mission vers Tombouctou, les plus grands services surtout pour la coupe du bois dans les marigots.

Toutefois le travail ne s'exécutait pas sans avoir de continuelles difficultés; malgré le soin que je prenais de tracer toutes les pièces, il arrivait souvent qu'elles étaient ratées.

Le 5 mars, un incendie qui aurait pu avoir les plus graves conséquences, se déclarait dans un gourbi, sans cause apparente. En quelques minutes la case était dévorée par les flammes.

Une des plus graves difficultés vaincues fut de courber les serres, au moyen de l'appareil rudimentaire suivant :

Deux longrines A et A', réunies en forme de cadre et supportées par les poutres P et P', formaient un plan incliné. Ces longrines étaient entaillées à adents de manière à pouvoir faire reposer à des

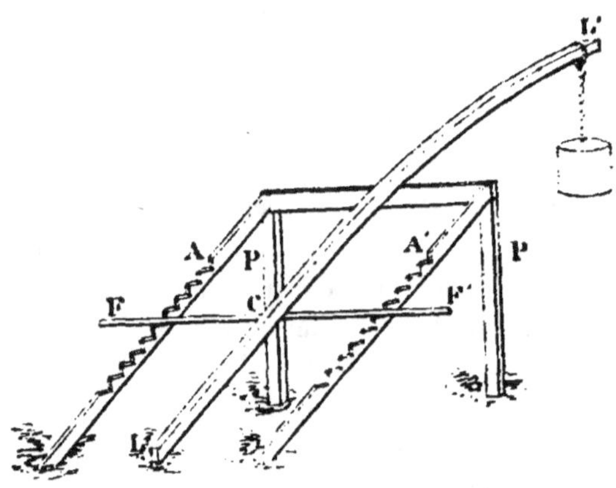

hauteurs diverses une barre de fer F et F'. Lorsque la pièce à courber avait séjourné quelque temps dans l'eau, on la faisait reposer par son point de courbure C sur FF' : l'extrémité L était pincée et en L' on suspendait des poids. Un feu très vif était alors allumé sous l'effet duquel la pièce arrosée de temps en temps, se courbait peu à peu. Une serre de 5 mètres de long et de 25 centimètres sur

6 centimètres d'équarrissage demandait une journée de travail avec cet appareil.

Le premier avril, le Commandant supérieur arrivait, avec la colonne, à Bammako. Quelques jours après, avait lieu une cérémonie imposante. Au son du canon, devant tous les officiers réunis, le *Mage* était baptisé.

Avant de quitter Bammako, M. le lieutenant-colonel Galliéni, voulut bien m'adjoindre un lieutenant d'infanterie de marine M. Lefort qui, aux qualités d'officier militaire, joignait celles d'un marin, acquises dans sa jeunesse. Aussi, son concours dévoué me fut-il des plus précieux. N'ayant pas d'enseigne de vaisseau sous mes ordres, malgré des demandes réitérées, M. Lefort devint mon second et s'acquitta admirablement de sa tâche, même pour la construction. La plupart des plans ont été dessinés par lui.

A la fin d'avril, les serres, marsouins et beauquières étaient terminés, le bordé de fond en place et le calfatage commençait afin de n'être pas surpris par les eaux.

Construction du chaland le « Manambugu ».

Je quittai donc Bammako pendant quelques jours, laissant la direction à M. Lefort et me rendis à Manambugu pour y faire construire un chaland destiné à l'exploration vers Timbuktu.

TABLEAU Æ.

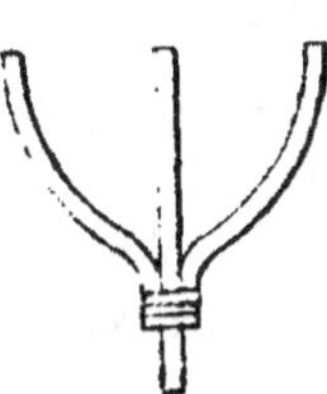

Couples en trois pièces.

La canonnière le *Niger* était en effet insuffisante à porter vingt hommes, trois mois de vivres et de rechanges, six tonneaux de charbon et du bois; personnel et matériel prévus.

Je traçai le plan d'un chaland de douze tonneaux nécessaires. Longueur 10 mètres, largeur au maître 2^m,80. Tout était en cale et par-dessus le pont deux kiosques devaient être construits pour deux officiers et deux marins européens.

Une fois ces grandes lignes indiquées, je laissai le soin au contre-maître noir de construire le chaland, à la mode indigène, dans le but d'aller plus vite. Voici succinctement comment il s'y prit.

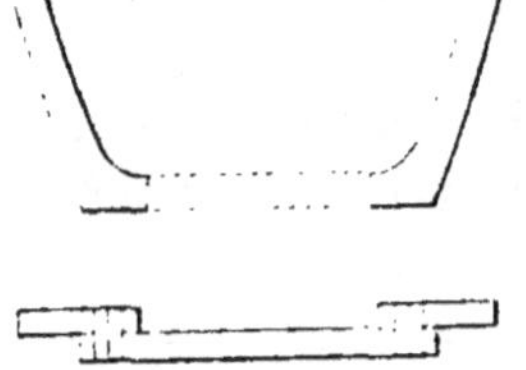

La quille de 10 mètres, de 12 centimè-tres sur 4 centimètres jointe à écarts horizontaux, fut élingée sur le terrain. L'avant, taillé dans une courbe, fut che-villé à la quille ; de même le tableau arrière comme l'indique le dessin. Il mit un maître couple à 2^m.50 de l'avant et un autre à 2 mètres de l'arrière, et, après avoir joint cette charpente par des lisses, il tailla ses couples à remplir la forme ainsi tracée.

Le 9 mai, tranquille sur l'exécution du chaland, je rentrais à Bam-mako.

Halage du « Mage » sur ber.

Vers la fin de mai, le *Mage* était bordé et calfaté : les baux étaient en place. Tel quel, il pouvait flotter. Cependant j'étais dans le plus cruel embarras ; les eaux montaient très lentement, et il devenait même évident que la crue n'atteindrait pas l'éminence du chantier. Il fallait donc haler le *Mage* en bas, là où il serait sûr de flotter de bonne heure. Les travaux furent immédiatement commencés et, comme ma présence était indispensable à Manambugu pour la préparation de la mission vers Tombouctou, je demandai par dé-pêche, au commandant supérieur, de vouloir bien m'adjoindre M. le lieutenant d'artillerie de marine Bonaccorsi, qui terminerait le halage.

Le rapport ci-dessous, qui contient les principaux détails de l'opération du halage, est *textuellement* de M. Bonaccorsi.

Ce rapport, très modeste, ne dit pas toutes les difficultés qu'a eu à vaincre cet officier, malgré les instructions que nous lui avions laissées.

Il s'agissait, en somme, de haler une coque de vingt-cinq ton-neaux, reposant horizontalement sur des tins, sur soixante mètres de longueur, en bas d'une butte de cinq mètres de haut, sur un terrain peu résistant, sans cales préparées à l'avance, avec des apparaux primitifs et sans autre aide que celle des indigènes.

Rapport de M. Bonaccorsi.

« Les chantiers de construction du *Mage* se trouvaient sur un petit îlot bordé d'un côté par le fleuve, limité d'autre part d'un fossé, à sec pendant les basses eaux. Au commencement de juin, le *Mage* reposait *horizontalement* sur des tins et des accores 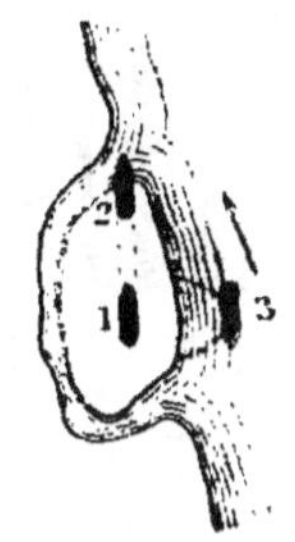 dans une direction parallèle au courant et prêt à être lancé. La canonnière devait flotter aux hautes eaux ; mais sa ligne présumée de flottaison se trouvait à environ 5 mètres au-dessus du niveau actuel (fin mai) : on ne pouvait compter sur une crue aussi forte : il fallait donc abaisser cette ligne de flottaison, et l'abaisser le plus possible, car il y avait intérêt à ce que le bateau flottât dès le commencement de la crue. C'est dans ce but que fut faite l'opération suivante :

« Le bateau fut installé sur un ber que l'on fit glisser sur une longueur de 60 mètres, à compter de l'avant, dans une tranchée dont le plafond était incliné à 1/20.

« *a)* *Tranchée.* — On construisit, dans l'alignement de l'axe du bateau, une tranchée dont le plafond avait une pente de 1/20 ; la largeur était de 7 mètres. Cette tranchée débouchait dans une sorte de baie ou affluent du fleuve, suffisamment large pour permettre au bateau d'évoluer pour entrer dans le Niger : la longueur était de 60 mètres. Ce travail fut exécuté sans difficultés : commencé vers le 18 mai par des manœuvres pris au village de Bammako (au nombre de 14 par jour), il était terminé au 1ᵉʳ juin.

« *b)* *Construction et mise en place du ber et des coulisses.* — Le ber construit était un cadre rectangulaire en bois, dont les grands côtés ou semelles, écartés de 3ᵐ,50 d'axe en axe, étaient réunis à tenon et mortaise par sept traverses distantes les unes des autres de 2ᵐ,20 d'axe en axe. Les extrémités des grands côtés AABB du cadre furent percées, dans le sens horizontal, d'ouvertures *oo* de 3ᶜ de diamètre pour donner passage aux filins.

« Les diverses pièces du ber ne devaient être assemblées qu'au moment même de la mise en place.

« Les coulisses sur lesquelles devaient glisser les grands côtés du ber étaient formées de fortes pièces en bois de 20/24.

« Les surfaces des semelles et des coulisses qui devaient se trouver en contact furent soigneusement rabotées.

« Tous ces matériaux étant préparés, on mit d'abord en place les coulisses. Les pièces de bois furent posées bout à bout et à l'inclinaison de 1/20 de l'arrière à l'avant. A l'arrière, la distance verticale entre la surface supérieure des coulisses et la surface inférieure de la quille était de 40ᶜ environ, de telle façon que les morceaux de bois arrivaient à reposer directement sur le sol au sommet de la tranchée (avant du bateau). C'était la partie la plus délicate de la pose des coulisses : elles reposaient sur des tins posés transversalement dans de petits fossés de part et

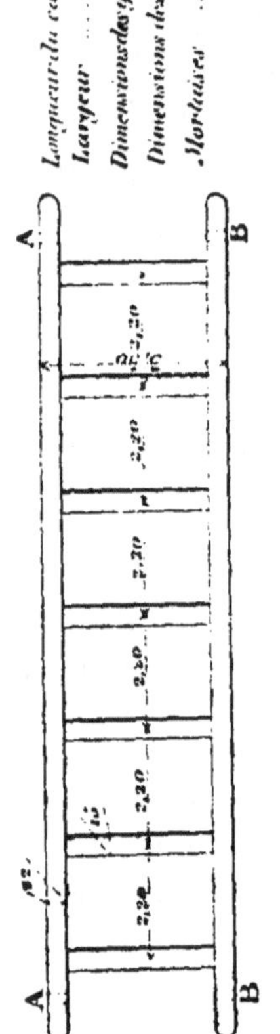

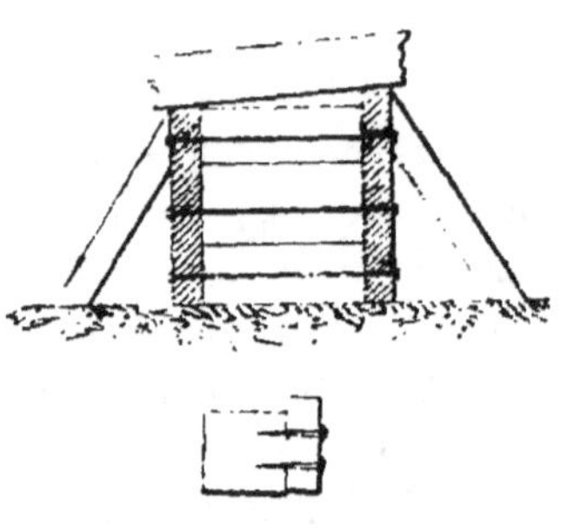

d'autre de la quille. Chaque assise de tins était consolidée par des planches qui en reliaient les diverses pièces, et par des étançons, comme l'indique le croquis ci-dessus.

« Les coulisses étaient bordées extérieurement par de fortes planches de 5ᶜ d'épaisseur et formant un rebord en saillie de 5 à 6ᵉ. Elles devaient empêcher les semelles de quitter les coulisses.

« Enfin, en posant les coulisses *a* et *b* bout à bout, on prit soin d'abattre l'arête transversale supérieure de la pièce *b*.

« La pose des coulisses sur le sol fut plus rapide. Chaque pièce était posée dans une rigole peu profonde, et les planches directrices étaient solidement installées.

« On construisit 22 mètres de coulisses : le ber occupant une longueur de 13ᵐ,80, le halage devait se faire par sections de 8 à 9 mètres. Le travail se trouvait donc réglé de la façon suivante : le matin, halage sur une longueur de 8 à 9 mètres; le reste de la journée serait employé à dégager les pièces de coulisses restées libres en arrière et à les reporter en avant.

« On mit ensuite en place le ber. Afin de n'enlever les tins qui supportaient la quille qu'au moment où le bateau reposerait sur le ber, on mit d'abord les deux grands côtés du cadre en place sur les coulisses; puis on les assembla à l'aide de traverses. Sur les semelles on disposa ensuite, de 2 mètres en 2 mètres, les tins qui devaient supporter le bateau; on coinça fortement, puis on les consolida de la même manière que ceux qui supportaient les coulisses à l'arrière.

« Il n'y avait plus qu'à enlever les accores, installer les palans et commencer le halage. Mais, avant, il y avait quelques précautions à prendre.

« Un grand poteau fut planté à environ 10 mètres de l'arrière du bateau et dans le prolongement de l'axe; autour de ce poteau venait s'enrouler l'extrémité libre d'un filin, dont l'autre extrémité était rattachée au ber. On avait ainsi un régulateur qui garantissait la stabilité du système dans le cas où l'effort de traction, assez difficile à régler, eût été trop fort; car il est à noter que le bateau reposait librement sur une sorte de coin formé par le système ber et tins. (Lorsqu'on agit sur le ber on développe, aux différents points de contact du bateau et des tins, des résistances qui, entre certaines limites, restent proportionnelles à l'effort de traction : il faut que le mouvement commence sans que la résultante de ces résistances soit vaincue, sinon le ber seul serait entraîné.)

« *c*) *Halage*. — Pour faire ce halage, on avait des poulies doubles en bois et des filins de 2ᶜ de diamètre.

« On employa d'abord le dispositif suivant :

« Le bois du ber en avant des ouvertures *oo* fut arraché. On fixa alors les palans aux traverses du ber : ce furent alors les poulies et les filins qui cédèrent; le ber n'avait pas bougé. Il fallait donc à la fois augmenter la puissance totale et diminuer l'effort à supporter par chaque brin. On avait bien au magasin des poulies triples, mais leur gorge trop étroite ne permettait pas l'emploi de filins de 2ᶜ. On prit alors les poulies triples en fer du pont-levis du poste, auxquelles on pouvait adapter les cordes employées. On maintint les deux palans à poulies doubles. On avait alors le dispositif figuré ci-après :

« Le système put alors être mis en mouvement.

« En admettant pour chaque homme un effort moyen de 40 kilogr., chaque palan **P** donnait une puissance de $15 \times 3 \times 40$, soit 1800 kilogr.

« Chaque palan *p* donnait $10 \times 2 \times 40$, soit 800 kilogr.

« L'effort total était donc de 5ᵗᵒⁿ,2. *La pression normale sur les coulisses du système (ber et bateau) pouvait être évaluée approximativement à 25 tonnes. On avait donc eu un frottement de semelles sur les coulisses de 5.2/25, soit 0,28. Les coulisses étaient en doundoul et les semelles en saw.*

« Le premier jour, lorsque le ber eut parcouru les 8 mètres, il se trouva dévié de 10ᶜ à l'arrière et à droite; les planches qui devaient le maintenir sur les coulisses avaient été écartées; mais on put assez facilement le remettre en place, car l'arrière du ber se trouvait alors au-dessous du sol; on pouvait donc appliquer aux coulisses des guides renforcés comme il a été dit plus haut, et qui obligeraient le ber à reprendre sa position à mesure qu'il avancerait de nouveau.

« Le halage était terminé le cinquième jour (15 juin) : deux fois on avait pu faire deux opérations le même jour.

« Dans l'intervalle des halages, l'avant et l'arrière étaient épontillés.

« En procédant dans un ordre inverse de celui indiqué plus haut, on dégagea le ber puis les coulisses, et le bateau se trouva porté sur trois rangées de tins reposant directement sur le sol. Sa ligne de flottaison se trouvait à environ 1^m,80 du niveau de l'eau. »

Un mois environ après le halage, les eaux ayant monté de 1^m,50, le *Mage* flottait et était amarré, par les soins de M. Bonaccorsi, contre la berge même de l'éminence de construction. Les travaux se continuaient à l'abri d'une paillotte. Pendant l'hivernage, le *Mage* se comporta très bien, sans faire d'eau, ce qui était à craindre à cause de la nécessité où on s'était trouvé d'employer des bois verts.

Au mois de novembre 1887, il était échoué sur un gril improvisé, prêt à recevoir sa machine qui ne vint pas. Depuis cette époque, la membrure ayant résisté aux intempéries, on a parlé d'en faire un fort flottant en amont de Bammako, vers les sources du Niger. Finalement, nous croyons et espérons qu'on va utiliser la coque par l'envoi d'une machine de France.

Résumé. — En résumé, le 1er novembre 1886, il n'était pas question du tout de construire un bâtiment à Bammako. Quelques jours après l'ordre donné, dix-sept tonnes de matériel, y compris un outillage incomplet mais

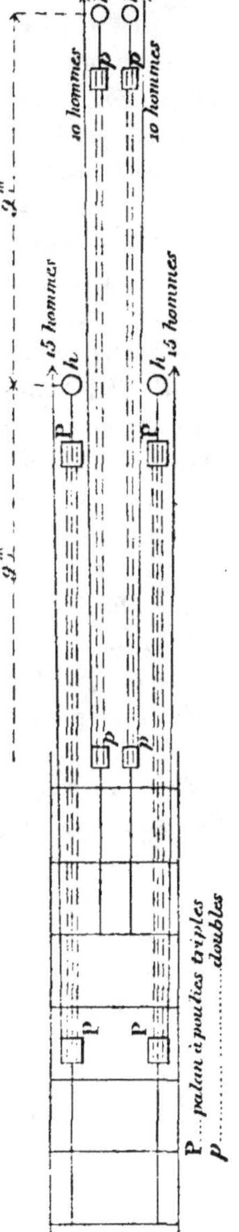

suffisant, étaient embarqués sur des chalands à destination de Kayes.

Le 1er février, les colis étaient réunis à Bammako et la construction commençait. Quatre mois et demi après, le *Mage* était en état de flotter. Ce travail s'était exécuté avec 10 ouvriers indigènes peu exercés. Il avait fallu couper environ 150 gros arbres et les transporter sur la tête des indigènes, pendant 14 kilomètres, par des chemins non frayés.

Quoique construite avec du bois vert, la coque ne faisait pas d'eau pendant l'hivernage.

Un tel résultat, obtenu avec des moyens plus qu'imparfaits, prouve bien la possibilité de construire sur place des bâtiments. On a parlé de termites, mais ces animaux ne peuvent vivre que dans la terre, et, au contraire, les coques des bâtiments en bois ou en fer se conservent très bien dans les eaux du Niger.

L'outillage, une fois monté, la construction n'a pas coûté 20,000 francs.

Certes, le *Mage* ne durera pas longtemps, étant donné ses imperfections forcées ; mais nous sommes convaincus de la possibilité de faire bien, rien qu'avec les matériaux du pays, à la condition principale d'adjoindre à des ouvriers indigènes choisis, deux contremaîtres européens et de couper à l'avance des bois destinés à un plan simple. Ces bois auraient besoin d'être injectés.

Nous croyons que, à la suite de nos demandes, quelques machines-outils ont été montées depuis à Bammako, ainsi qu'une étuve pour courber les bois à 100° et les injecter en même temps.

Un petit arsenal existe donc aujourd'hui à Bammako. Il serait économique de l'utiliser ; car, malgré l'amélioration des routes, un kilo coûte encore de 4 à 5 francs de transport, ce qui donnerait plus de 100,000 francs pour une coque de 25 tonneaux, telle que celle du *Mage*. — Encore ne comptons-nous pas le prix d'achat.

NOTE I.

La canonnière « Niger ».

Pendant les cent jours qu'a duré l'exploration vers Tombouctou, nous avons pu nous rendre compte des défauts de cette canonnière. Ils sont nombreux et ne sont pas rachetés par quelques rares qualités.

La machine a un fonctionnement assez régulier; toutefois, les bagues de pistons cassent très fréquemment, et l'alimentation est d'autant plus difficile que les mécaniciens noirs sont malhabiles. Les barreaux de grille sont trop minces et, à la fin de l'exploration, il n'en restait plus que dix, encore étaient-ils réduits à la moitié de leur épaisseur. De ce seul fait, la mission n'aurait pu être continuée plus longtemps. La machine est à deux hélices, gros inconvénient dans les échouages et aussi en marche, lorsque l'on rencontre des bois flottants. La vitesse maxima en charge, sans remorque, est de 5 nœuds; avec des remorques, $3^n,5$. A contre-courant, le *Niger* a fait $2^k,5$ en moyenne par heure, pendant toute la traversée de retour. Parfois elle restait en place et même culait dans les remous.

Cette canonnière n'a aucun logement. Pendant toute la campagne, l'équipage reçut sans abri les tornades continuelles (en moyenne une par jour); aussi la fièvre régnait constamment à bord, et il est même surprenant que l'équipage ait pu résister aux intempéries. Il est vrai qu'il était choisi par *sélection*.

Il n'y a pas assez de place à bord pour les vivres et le matériel nécessaires. Bien des denrées et des étoffes d'échange ont été ainsi perdues. De ce fait, les vivres européens, embarqués déjà en quantité insuffisante, ont totalement manqué un mois avant le retour, alors que l'équipage en aurait eu le plus besoin.

Le *Niger* n'est pas abrité contre les lames qui se lèvent souvent furieuses dans les parties larges du fleuve (fréquemment 2 à 4 kilom.). A Diafarabé, notamment, et plus tard dans le lac Dheboe, sorte de petite mer intérieure (50 kilom.), le bâtiment a été en perdition.

Rien n'aurait pu nous sauver, dans le lac Dheboe, si nous n'avions eu le temps d'aller nous jeter à la côte.

Un mètre est un tirant d'eau trop considérable au moment des basses eaux, époque à laquelle a commencé l'expédition. Il en est résulté beaucoup d'échouages, surtout dans la première partie du voyage. Une seule fois la canonnière a touché sur la roche, dans le rapide de *Tundufarma*.

La vitesse était nulle ; autrement le bâtiment aurait coulé faute de cloisons étanches.

Le pont, trop peu élevé pour la mer, n'est pas suffisamment abrité contre les balles qui peuvent arriver inopinément des berges élevées, dans les parties étroites du fleuve.

Une grosse question est celle du combustible : d'une part, le *Niger* chauffe au bois, et, de l'autre, on rencontre de longs espaces dénudés, ou bien l'hostilité des habitants empêche de descendre. Cependant la machine consomme un stère de bois par heure, et, durant la mission, il a été coupé 400 tonnes de bois. Le pont complètement encombré, la canonnière n'a pas pour plus de douze heures de chauffe.

Pour remédier au défaut de logement, nous avions été obligés de construire un chaland mis à la remorque. De là un cercle vicieux : la vitesse et les autres qualités nautiques diminuaient à mesure que la place augmentait.

Le *Mage*, envoyé de France, a tous les défauts de son similaire le *Niger*.

Ce type doit être abandonné le plus rapidement possible.

Projet d'une canonnière pour le Niger.

Que l'on choisisse le système de construire des coques sur place avec une machine venue de France, ou bien celui d'envoyer le tout de France, voici, croyons-nous, dans ses grandes lignes, le type de bâtiment à construire.

Machine à aubes latérales devant donner une vitesse de 7 nœuds aux essais.

Le tirant d'eau serait de 0^m,60.

Il y aurait un logement à bord pour 25 hommes, dont 3 officiers (y compris le médecin), pour 3 mois de vivres et de rechanges, et, enfin, 30 heures de combustibles ainsi décomposées : 1° 20 heures en charbon de réserve pour les cas graves ; 2° 10 heures en bois.

L'armement se composerait d'un canon de 65ᵐᵐ et de deux hotchkiss à tir rapide de 37ᵐᵐ, dont un dans une hune, approvisionnée normalement.

Le pont devrait être suffisamment élevé au-dessus de l'eau pour être défendu contre les lames : des pavois et des masques abriteraient contre les balles. Un canot Berton servirait d'embarcation.

Il n'y aurait pas lieu de se préoccuper de l'eau douce.

Le type monoroue du *Tonkin*, bien réduit, répondrait très bien, croyons-nous, à ces desiderata : ce type a le grand avantage d'avoir tous les logements en superstructure et d'avoir une coque divisée en cloisons étanches.

Pour la machine, il y aurait lieu toutefois de tenir compte de certaines considérations particulières au Soudan. Tout d'abord, elle doit être décomposée en éléments transportables de 25 à 50 kilos, sauf quelques pièces exceptionnelles. En outre, on ne devrait pas oublier que les mécaniciens indigènes ne sont pas très expérimentés.

Ainsi, si les cylindres Compound ont l'avantage de diminuer la consommation, ils auraient les inconvénients au Soudan : 1° d'augmenter le poids, à cause du grand cylindre et des rechanges multiples ; 2° d'être plus difficiles à manœuvrer pour des noirs.

Deux cylindres séparés, semblables, augmenteraient bien la dépense, mais auraient les grands avantages : 1° d'exiger moins de rechanges et des semblables ; 2° d'être plus faciles à manœuvrer.

A quelque système de chaudière que l'on s'arrête, il serait bon d'avoir une alimentation automatique. Les eaux du Niger ne sont pas boueuses, et, par suite, les chaudières Belleville pourraient rendre de bons services.

La machine devant chauffer au bois et exceptionnellement au charbon, il conviendrait d'avoir un système de réduction de la surface de chauffe, au moyen de briques, par exemple. Enfin, il serait peut-être avantageux, à cause du fardage, d'augmenter le nombre de tours de roues, au lieu du diamètre.

Une pression de 5 kilos n'effrayerait nullement les mécaniciens indigènes.

Nous pensons, en dernier lieu, qu'un projecteur électrique serait nécessaire pour éclairer la route et peut-être plus encore pour frapper l'esprit des noirs[1].

NOTE II.

Bois de construction sur le Niger.

Nous réunissons, sous forme de note, quelques observations faites sur les bois de construction au Niger.

Le cailcédra que les Yolofs appellent *Rhaï* est un bois rosé à fibres très serrées, mais cassant, quand on le travaille : a été peu employé pour la coque du *Mage*. La densité d'un morceau sec de trois mois de coupe a été calculée approximativement 0,820.

Le doudoul est un bois blanc très spongieux et qui joue beaucoup. La densité d'un cube sec de trois mois de coupe est environ 0,582. Le doudoul a été employé *à tort* pour le bordé du *Mage*.

Le vène, un peu jaunâtre, est très résistant. C'est un des meilleurs bois et son seul défaut est d'être rare. Le pont du *Mage* est en grande partie fait avec du vène. Deux mesures de densité ont donné : 1° cube sec de trois mois de coupe 0,976; 2° cube sec d'un an de coupe 0,937. Le vène se tourne, et, une fois verni, produit un très joli effet.

Le palikont, nom Yolof, est légèrement jaune citron : il fonce en vieillissant. C'est un bois très résistant. Densité de deux cubes secs : 1° 0,808 après un an de coupe; 2° 0,929 après deux mois.

Le shaw est un bois rougeâtre qui noircit en vieillissant. Il est très résistant et se travaille cependant bien. La membrure du *Mage* est en grande partie en shaw. On trouve communément des pièces de 5 mètres sur 30 centimètres carrés. Un cube sec de deux mois de coupe a donné pour densité 1,075, un autre d'un an 0,966.

Le karité est un bois rougeâtre, à fibres très serrées, qui noircit en vieillissant. Il se travaille assez facilement. Deux mesures de densité ont eu le résultat suivant : 1° 1,228 pour un cube de deux mois de coupe; 2° 1,125 pour un cube d'un an.

---

[1] La navigation électrique, avec ses accumulateurs pouvant être chargés à bras, paraît la meilleure solution.

Le dancre est un bois dur presque blanc; la densité, après quelques jours de coupe est de 0,944.

Une branche de dimb a donné pour densité, aussitôt après coupe, 1,221. C'est un bois blanc dur, résistant, qui a été employé pour la membrure du *Mage* ainsi que le karité. — Ce dernier est, avec le shaw, le bois le plus commun aux environs de Bammako. Le karité se tourne très bien, et on en fait d'assez jolis meubles.

Le m'boul est le bois dont sont faites les pirogues, cousues par morceaux : il doit être très dense, puisque les pirogues qui chavirent vont au fond.

Le rônier fournit d'excellents pilotis : mais la hache peut à peine l'entamer.

Paris, le 17 août 1888.

Paris. — Imprimerie L. BAUDOIN et Cᵉ, 2, rue Christine.

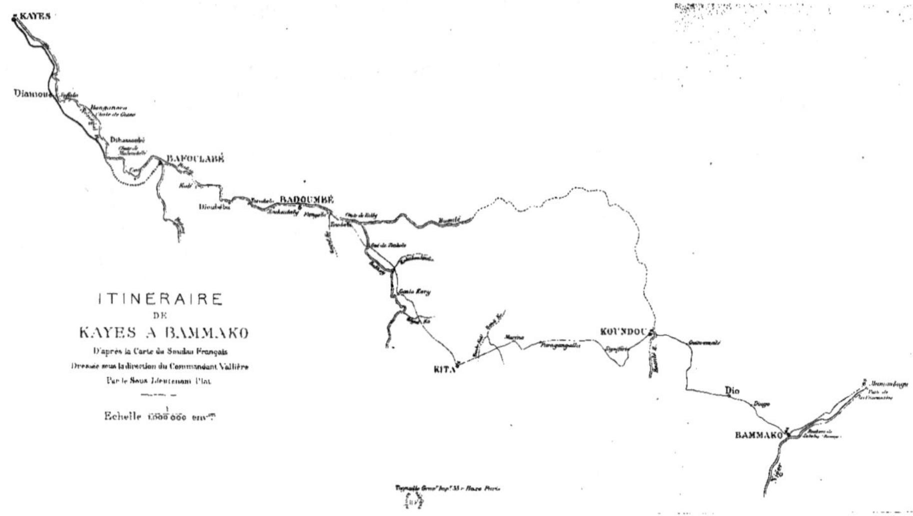

KAYES
Diamou
Bangassara
Chute du Guine
Dibaacambi
BAFOULABÉ
Koli
Dioubeba
BADOUMBÉ
KITA
KOUNDOU
Dio
BAMMAKO

ITINERAIRE
DE
KAYES A BAMMAKO
D'après la Carte du Soudan Français
Dressée sous la direction du Commandant Vallière
Par le Sous Lieutenant Plat

Echelle 1.000.000 env.

CHALAND LE MANAMBUGU

Coupe longitudinale *Echelle du $\frac{1}{100}$*

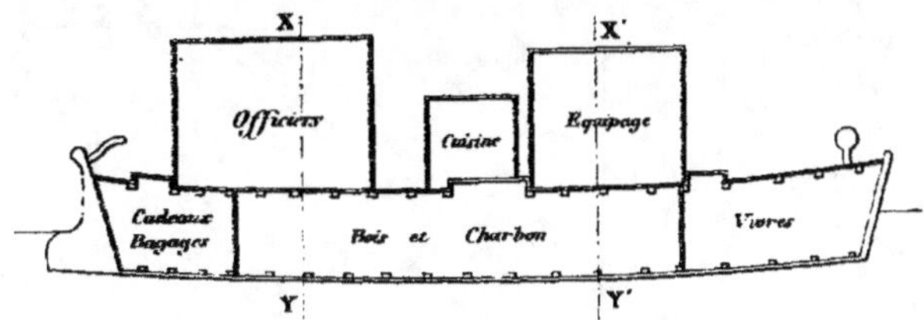

Projection horizontale *Echelle du $\frac{1}{100}$*

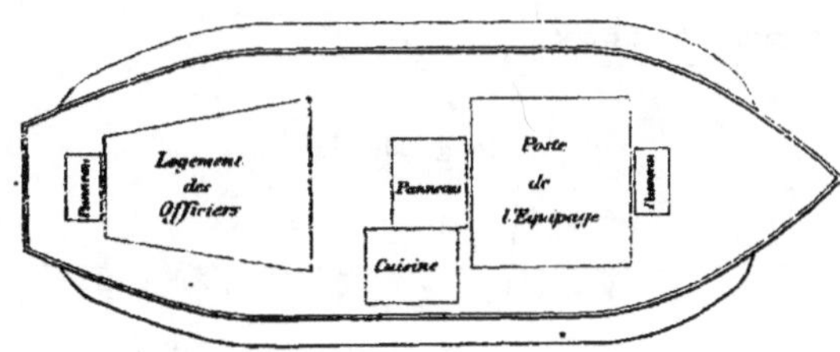

Coupe suivant X Y   Coupe suivant X'Y'

Echelle du $\frac{1}{50}$

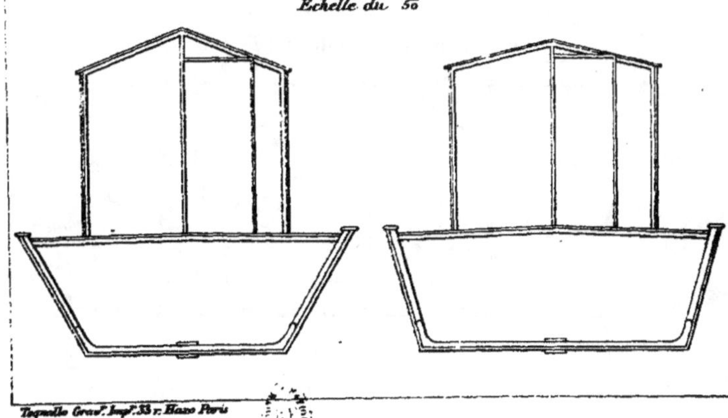

LA CANONNIÈRE LE MAGE (AUJOURDHUI FAIDHERBE)

(ACHEVÉE)

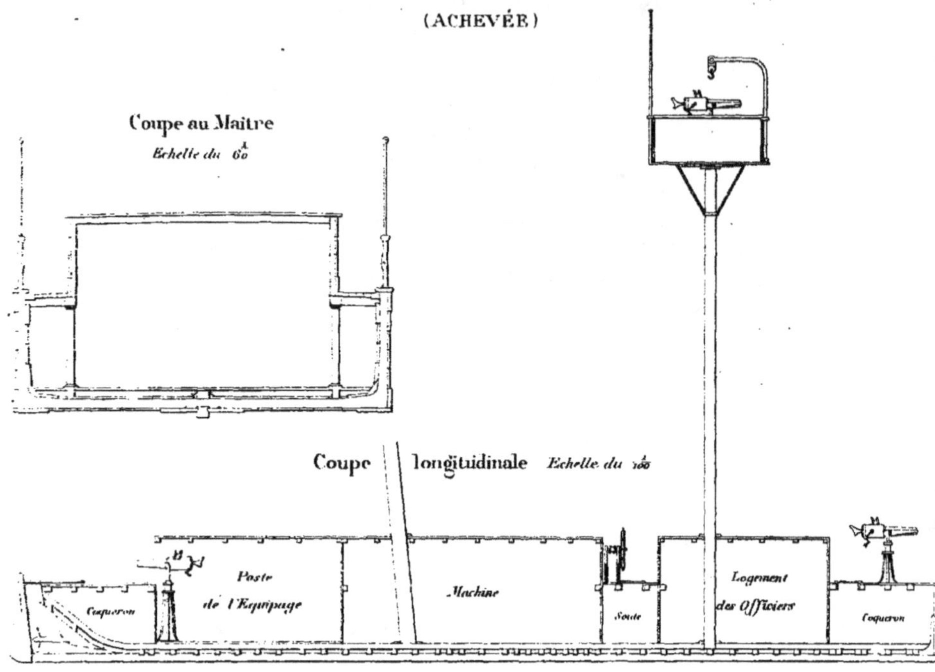

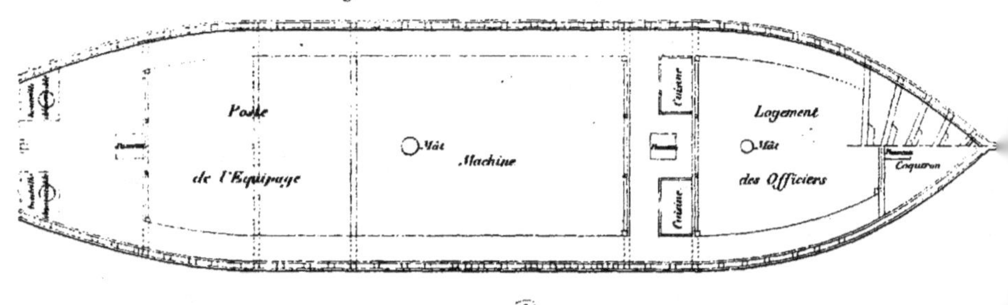

PARIS. — IMPRIMERIE L. BAUDOIN ET Cⁱᵉ, 2, RUE CHRISTINE